AGORA TUDO É tabu?

QoT

AGORA TUDO É
ANSIEDADE?

astral
cultural

Copyright © 2023 QoT
Este livro foi elaborado pela Astral Cultural em parceria com
o QoT. Todos os direitos reservados à Astral Cultural e
protegidos pela Lei 9.610, de 19.2.1998.

Editora Natália Ortega   **Editora de arte** Tâmizi Ribeiro
Edição de texto Letícia Nakamura
Produção editorial Ana Laura Padovan, Andressa Ciniciato
Brendha Rodrigues e Esther Ferreira
Preparação João Rodrigues
Revisão Carlos César da Silva e Fernanda Costa
Revisão técnica René Padovani, psicólogo clínico e
coordenador de filantropia da Pró-Saúde
Capa e projeto gráfico Nine editorial

Dados Internacionais de Catalogação na Publicação (CIP)
Angélica Ilacqua CRB-8/7057

Q36a   QoT
        Agora tudo é ansiedade? / QoT. — Bauru, SP : Astral
Cultural, 2023.
        160 p. (Coleção Agora tudo é)

        ISBN 978-65-5566-337-2

        1. Ansiedade 2. Saúde mental I. Título II. Série

23-6018   CDD 152.46

Índice para catálogo sistemático:
1. Ansiedade

BAURU
Rua Joaquim Anacleto
Bueno, 1-20
Jardim Contorno
CEP: 17047-281
Telefone: (14) 3879-3877

SÃO PAULO
Rua Augusta, 101
Sala 1812, 18º andar
Consolação
CEP: 01305-000
Telefone: (11) 3048-2900

E-mail: contato@astralcultural.com.br

AGORA TUDO É ANSIEDADE?

Não. Mas um transtorno que já atinge quase 10% da população brasileira não pode ser negligenciado ou banalizado.

Nota da editora

O presente livro não pretende ser visto como diagnóstico e tampouco anula a necessidade da avaliação de um médico psiquiatra e/ou de um psicólogo especializado. A finalidade desta obra é abordar, de forma descomplicada, discussões acerca da ansiedade enquanto sintoma e do transtorno de ansiedade, explorando possíveis causas, sintomas e tratamentos. A ideia desta obra é fornecer insumos para possibilitar uma compreensão mais profunda sobre o tema da saúde mental na sociedade contemporânea e, assim, estabelecer relações e comportamentos mais saudáveis em todas as esferas.

PREFÁCIO

Há muitos anos, vi um livro chamado *O Poder do Agora* e algo dentro de mim disse que aquilo poderia ser a solução para os meus problemas de ansiedade. Eu já tinha ouvido falar sobre esse "agora" e de como era possível achar paz e tranquilidade nele. Parecia tudo muito bonito na teoria, mas eu não conseguia me conectar com a experiência real de estar no presente.

Quando eu era criança e os pensamentos violentos e intrusivos começaram, era difícil achar esse momento. Imagens catastróficas de morte, violência e desolação brotavam na minha cabeça, me aterrorizando como se aquilo realmente fosse acontecer.

A catastrofização me enchia de angústia e ansiedade. Decidia todos os dias "hoje eu não vou pensar tais coisas" e, obviamente, não funcionava.

O sentimento de angústia chegava a tanta intensidade que minha mente, ao tentar me ajudar, desconectava-se do corpo e causava um tipo de dissociação chamado de desrealização.

Nessa desconexão entre corpo e mente, a percepção da realidade fica distorcida de forma aterrorizante. Eu olhava ao redor e o mundo não parecia real. Eu também não conseguia mais sentir o meu corpo fisicamente. Tudo isso devido aos níveis astronômicos de ansiedade.

Naquela época, eu não sabia que a desrealização era uma tentativa da minha mente de diminuir o impacto da ansiedade.

Afinal, se eu não estivesse "dentro do meu corpo", não precisaria sentir tanto. Só que a forma que a desrealização deixava a realidade inacessível me fazia achar que enlouqueceria e nunca mais conseguiria me restabelecer. Eu passei todos os anos da minha adolescência dessa forma.

Hoje, com estudos, entendo que a catastrofização era simplesmente "coisa da minha cabeça". Descobri que a mente é tão poderosa que aquilo que falamos para nós mesmos, ainda que altamente improvável, costuma ser aceito como realidade.

Todos os dias, a mente de pessoas com ansiedade diz que elas vão infartar e morrer. Muitos vão até o hospital e se submetem a exames para descobrir que se tratava "apenas" de um corpo em alerta desencadeando pensamentos assustadores.

Todos os dias, pessoas desistem de seus sonhos mais íntimos porque acreditam no que as vozes assombrosas dizem: "Você nunca vai conseguir!", "O mundo está muito devastado para isso dar certo!", "Você vai ser humilhado, vai fracassar na frente de todos!". Não é porque a ansiedade gera a impressão de um futuro terrível a nível mental que ela não tem um impacto real. É só observar a sobrecarga emocional e fisiológica gerada nas pessoas durante a pandemia e perceber como ela devastou a saúde mental e física de muitos.

A ansiedade no corpo faz a mente acreditar que existe um perigo real. Assim, a resposta de fuga, luta ou congelamento é exacerbada e alterações fisiológicas ocorrem em preparação ao confronto com o perigo. O corpo foi feito para lidar com essa resposta durante curtos períodos de tempo. Afinal, diante de um perigo precisamos realmente desativar a mente e deixar que o corpo aja instintivamente.

O problema é que o nosso corpo não foi feito para sentir todas essas alterações fisiológicas por longos períodos, como o aumento do batimento cardíaco, desconforto digestivo, tremedeira, respiração alterada, tensionamento dos músculos, fraqueza, boca seca, entre outros.

Quando não tratada, a ansiedade é capaz de gerar uma série de riscos para a saúde, tais como: aumento do risco de doenças cardíacas; alterações no córtex pré-frontal e hipocampo que podem levar ao desenvolvimento de condições neuropsiquiátricas, como demência; sistema imunológico enfraquecido, o que deixa vulnerável a várias enfermidades; enxaquecas; aumento ou diminuição drástica do peso; síndrome do intestino irritável; aumento da probabilidade de desenvolver depressão e síndrome de burnout etc. Esses são apenas alguns dos efeitos em longo prazo da ansiedade não tratada. A realidade é que o corpo se torna tão acostumado a liberar uma bomba hormonal em preparo às situações de estresse que ele não consegue mais voltar ao estado de homeostase. É como se ficasse treinado a permanecer em hipervigília 24 horas por dia. Nesse estado, ele vê perigo onde não há e libera cortisol e adrenalina sem necessidade. O resultado é que ficamos tensos, em alerta, com a mente cheia de problemas em potencial, mas não conseguimos enxergar nenhuma solução.

Com o tempo, a vida vai se tornando sem sentido e tudo isso impacta na autoestima.

Sem fé na nossa capacidade de solucionar desafios, a ansiedade pode levar ao isolamento social, o que impacta ainda mais negativamente na capacidade de recuperação. Nossa existência vai se contraindo até chegar em um ponto minúsculo de angústia sem fim. Diante de toda essa tensão, a estrutura mental pode desmoronar levando, inclusive, a uma psicose.

Hoje em dia, não subestimo uma "ansiedadezinha". Ela é capaz de dizimar a saúde mental e física, a vontade de encarar a vida e até mesmo a conexão com a realidade. Também impacta os povos do mundo, influenciando sua capacidade de pensar e tomar decisões lúcidas. Nas empresas onde há uma cultura de medo, a ansiedade torna a experiência do trabalho insuportável, revertendo em vários afastamentos por síndrome do pânico e outros transtornos ansiosos e depressivos. Nos relacionamentos interpessoais, a ansiedade enxerga sombras e fantasmas onde eles não existem e estimula ataques e dependências em uma tentativa de autodefesa. Isso destrói a capacidade de as pessoas criarem um vínculo seguro entre si.

Mais do que um incomodozinho qualquer, ou "coisas da cabeça", a ansiedade cria uma realidade que não dá para encarar e da qual não é possível fugir. Enquanto terapeuta, vejo inúmeros clientes perdidos em suas falas internas que apontam para desastres sempre por vir. Mesmo que os desastres não sejam prováveis, a mente é tão poderosa que acreditamos no que ela fala. E não se trata de lutar contra os pensamentos, e, sim, de aceitar que eles sempre existirão, mas podemos não os alimentar.

Se não dá para lutar contra, o que fazer então? Uma possibilidade é desviar o foco para outras coisas na tentativa de barrar o desenvolvimento do quadro ansioso. Você pode:

- Segurar gelo para se distrair com a sensação intensa;
- Fazer uma dança expressiva, que é, basicamente, chacoalhar e mover o corpo de uma forma solta e instintiva para descarregar a tensão;
- Escutar música relaxante ou assistir a algo que acalme ou gere risada;
- Focar nas informações vindas dos seus sentidos: o que você sente, escuta, cheira e vê no agora? Qual é o gosto que tem na sua boca?
- Usar técnicas de respiração ou meditação;
- Ir para a natureza;

- Fazer exercícios;
- Usar mindfulness, em que é possível observar e experimentar a realidade sem se contar histórias sobre ela.

Barrar o foco em pensamentos e sensações ansiosas é só o primeiro passo para conseguirmos ficar centrados. Depois desse passo inicial, ainda temos de encarar os desafios da vida. No estado ansioso, falamos a nós mesmos coisas limitantes. Já que a mente é tão poderosa que pensamentos se tornam crenças, é imprescindível gerar crenças mais produtivas de forma consciente.

Uma das crenças mais produtivas que um ser humano pode ter é de que ele é maior do que desconfortos e desafios. Em outras palavras, não é porque se sente ansiedade ou outro desconforto emocional que você precisa travar e deixar de dar passos. Essa inatividade parece aumentar os problemas e nos deixar com a sensação de que somos incapazes de encarar os desafios da vida.

É tão poderoso perceber que, mesmo com ansiedade, você pode encarar aquela apresentação no trabalho ou lançar aquele livro. Você pode iniciar aquele projeto que gera tanto medo e usufruir desse ato corajoso e seus frutos.

O melhor conselho que recebi, já adulta, foi convidar o meu pânico para tomar um chá. Eu olhei para ele e falei: "Eu sei que está por aqui, e sei que você vai gerar todas essas sensações fisiológicas desconfortáveis. Então, vou ficar bem consciente durante sua visita, pois sei que o meu medo é maior do que as reais consequências. Eu aguento mais do que imagino".

Sentir o coração batendo forte, mas poder dizer para si mesmo "eu sei que não vou morrer, o desconforto é só chato", é transformador. Descobrir que mesmo com ansiedade, mesmo com catastrofização, eu ainda podia dar um passinho em direção aos meus objetivos todos os dias. Eu não consigo enfatizar o suficiente a importância de descobrir que a ansiedade não precisava podar minha vida.

Em vez de me isolar, fui "com ansiedade mesmo" e isso funcionou como uma terapia de exposição. Com o tempo, ela não só foi diminuindo diante das situações (gatilhos), como também pude colher os frutos de não me esconder.

Seus relacionamentos, seu prazer de viver e suas metas precisam que você descubra que você é maior que sua ansiedade. É isso que eu desejo a você, caro leitor: desejo que experimente na pele que a ansiedade não precisa reduzir sua vivacidade a uma existência sem expansão. Desejo que treine a capacidade de desviar o foco do terrível enquanto continua vivendo sua vida. Desejo que essa vida gere tantas bênçãos que deixe de acreditar nas mentiras que a ansiedade conta. Sim, a ansiedade pode acabar com sua saúde, mas também é verdade que você pode convidá-la a tomar um chazinho e, assim, ser mestre da sua vida e comandante da sua alma.

Taryana Rocha,
psicanalista.

SUMÁRIO

SAÚDE MENTAL AINDA É TABU? 25

O EFEITO PANDEMIA 67

OS RECORTES DE RAÇA, CLASSE E GÊNERO 101

HÁBITOS E NOVOS COMPORTAMENTOS 125

1

SAÚDE MENTAL AINDA É TABU?

Atualmente, a sociedade vive em um sistema programado para nos manter em alerta a todo instante, e essa "necessidade" de ser produtivo 24 horas por dia, sete dias por semana, é a baliza do sucesso que vigora nos dias de hoje.

Nessa corrida de quem entrega mais — mais qualidade, mais eficiência, mais conteúdo, mais agilidade, mais prestatividade —, quem sai perdendo, muitas vezes, é a nossa saúde mental.

Desse modo, as incertezas do mundo em que vivemos e o medo excessivo a respeito do futuro são dois importantíssimos fatores que, como resultado, têm criado um verdadeiro exército de ansiosos.

De acordo com dados levantados pela Organização Mundial da Saúde (OMS), o Brasil é o país com as mais altas taxas de indivíduos acometidos por transtornos ansiosos. E se a alta incidência de ansiedade já era preocupante entre os especialistas, a situação se agravou após a pandemia da Covid-19. Segundo a OMS, houve um aumento de cerca de 25% de incidência de ansiedade e depressão em 2020.

Mas, afinal, o que é ansiedade?

Você já sentiu um medo constante, que parece estar enraizado em seu cerne? Uma angústia paralisante? Já sentiu tanta pressão sobre suas costas a ponto de não conseguir executar nada direito e, por consequência, acabar se frustrando? Já teve aquele pensamento de que algo vai dar errado, sem saber o quê ou quando? Já sentiu um incômodo que se inicia por meio da sensação de um aperto bem forte no coração, fazendo parecer que a angústia vai tomar conta de qualquer possível decisão que venha a tomar? Essas sensações podem indicar problemas de saúde relacionados à ansiedade.

Como patologia, a ansiedade ultrapassa o limite do que é considerado um sentimento comum, o sentir-se ansioso. Por exemplo, em uma breve consulta ao dicionário Aurélio, a primeira definição que encontramos para o verbete "ansiedade" é: "grande mal-estar físico e psíquico; aflição, agonia". E, ao ler tais palavras, você pode estar se perguntando: *como posso diferenciar sensações físicas comuns de um transtorno psicológico?* Para descobrir de fato, é necessário consultar um médico psiquiatra e/ou fazer tratamento com um psicólogo. No entanto, é sempre importante conhecer mais o funcionamento do nosso corpo e suas respostas físicas a partir de assimilações psicológicas.

Segundo um estudo promovido pela Vittude, uma plataforma on-line focada em saúde mental, estima-se que aproximadamente 86% da população brasileira convive com alguma questão relacionada à saúde mental, ou seja, vive sob nível de estresse extremamente severo ou enfrenta transtornos como ansiedade e depressão.

Mesmo assim, mais da metade dessas pessoas não têm confiança ou não se sentem confortáveis em compartilhar as questões que lhes afetam, seja com amigos, familiares ou até mesmo profissionais. Por exemplo, quando se estabelece um recorte desse dado, considerando apenas as pessoas com sintomas de depressão, apenas um terço delas faz algum tipo de acompanhamento especializado.

Os dados em questão indicam que essas pessoas convivem com um incômodo sem jamais buscar algum tipo de apoio — e, quando o buscam, é comum que sejam movidas não pelos sintomas emocionais, e sim por acharem que existe algo errado no âmbito físico, como os batimentos cardíacos ou a respiração.

Entre os obstáculos à busca por ajuda médica, para além da falta de informações vindas de fontes confiáveis, de apoio especializado e do difícil acesso a consultas psiquiátricas, está o tabu sobre a questão da saúde mental no país. O estigma criado em torno de pacientes com transtornos psicológicos gera diferentes tipos de violência capazes de agravar a situação, distanciando cada vez mais essas pessoas dos tratamentos e medicamentos para o combate desses problemas.

Há pessoas que planejam por dias, meses ou até mesmo anos a chance de compartilhar com alguém do convívio os incômodos gerados por algum descompasso emocional e, quando por fim o fazem, muitas vezes acabam sendo hostilizadas. Como isso acontece? O principal motivo é a desinformação.

A hostilidade direcionada às pessoas ansiosas, por exemplo, pode vir em forma de palavras, distanciamento, entre outras atitudes que se revelam nocivas a um quadro emocional já frágil e vulnerável, e podem, assim, afetar o outro, que não recebe o apoio esperado. Portanto, é importante sabermos que, por mais que não seja intencional, a angústia alheia nunca deve ser julgada, minimizada ou tratada com desdém.

Os números também mostram que a ansiedade se tornou mais prevalente na faixa etária entre 15 e 29 anos. De acordo com a pesquisa "Juventudes e a pandemia: e agora?", realizada em setembro de 2022, 60% dos jovens afirmaram que haviam se sentido ansiosos nos seis meses anteriores.

Dentre os entrevistados, aproximadamente 30% buscaram ajuda por meio de aplicativos que procuram difundir o autoconhecimento e abordam questões relacionadas à saúde psicológica. Além disso, 74% deles destacaram que a pandemia deixou uma importante lição a respeito do olhar atento que devemos ter em relação à saúde mental.

Afinal, a partir do momento em que o comportamento ansioso atrapalha a rotina da pessoa, a pior atitude a ser tomada é fugir do problema. Aqui, o intuito não é dizer que existe solução para tudo, mas assegurar que é possível encontrar maneiras para lidar com aquilo que sai dos trilhos, independentemente do que seja.

Por exemplo, ao sentir a garganta inflamada, a decisão mais correta é a de buscar ajuda médica especializada, seguir as instruções do profissional e, então, acompanhar a melhora do quadro dia após dia. No entanto, já imaginou se a atitude naturalizada pela sociedade fosse conviver com uma garganta inflamada por vergonha de buscar ajuda? Ou pior: guardar a dor para si pelo medo de virar motivo de chacota entre amigos e familiares?

Sentimento ansioso

É bastante difícil, senão impossível, passar pela vida sem ter de lidar com um frio na barriga antes de uma situação social desafiadora (seja um encontro romântico, a apresentação de um novo projeto no trabalho ou uma reunião importante) ou sem demorar um pouquinho a mais para pegar no sono no dia que antecede algum acontecimento significativo.

Esse cenário, que pode parecer absurdo para outros tipos de problemas de saúde, infelizmente é comum quando se trata de transtornos relacionados à saúde mental.

Esses sentimentos de empolgação e inquietação são naturais, e, como resultado, é possível que essa empolgação acabe por ricochetear na rotina da pessoa, sem, no entanto, causar prejuízos. Por exemplo, antes de um encontro romântico, há aqueles que gostam de provar roupas diferentes, avaliar qual combinação se adequa mais com à sua personalidade, dar uma olhada no cardápio do restaurante no qual o jantar vai acontecer, ao mesmo tempo que é acometido pelo típico friozinho na barriga e desenvolve curiosidades que deseja saber acerca da pessoa. Todos esses processos fazem parte da empolgação com novos momentos.

Apesar de todos lidarmos com inquietações como as descritas anteriormente, isso não significa que todos que passem por algo parecido devam receber o diagnóstico de transtorno ansioso. Até certo ponto, é normal sentir inquietações, angústias e ansiedade; isso não denota necessariamente um problema. O problema tem início quando tais sentimentos ultrapassam limites e impedem a pessoa de fazer algo corriqueiro ou de resolver suas demandas ao longo do dia.

A ansiedade não patológica é capaz de aumentar a empolgação da pessoa para o evento para o qual a expectativa foi gerada, e ela conta os segundos para o horário do encontro ou apresentação chegar, torcendo para que o tempo passe voando. Essa é a chamada ansiedade positiva, que corresponde ao conjunto de reações fisiológicas relacionadas ao estresse e à ansiedade em contextos considerados benéficos ao indivíduo, sendo que a emoção prevalente não é o medo, e sim a alegria e a expectativa pelo evento que irá ocorrer.

Mas isso é totalmente diferente do que sente uma pessoa com transtorno de ansiedade. Em vez de sentir-se motivada, a pessoa com transtorno de ansiedade carrega tanta angústia diante de situações incômodas, a ponto de se sentir completamente paralisada. O medo toma conta dela, que presume o pior da situação, e isso acaba se revelando ainda mais contraproducente para a pessoa. O transtorno de ansiedade é como uma cobrança desmedida para si próprio. A pessoa torna-se refém da angústia, sendo, muitas vezes, refreada. Como se fosse a ansiedade quem tivesse a chave responsável por abrir a maçaneta de novas oportunidades de sua vida.

Além disso, sentir medo também é uma sensação comum na vida humana. Em geral, sentimos medo de altas velocidades, altura, escuridão e por diversos outros motivos. Mas, novamente, a sensação passa a ser preocupante quando ela afeta a rotina da pessoa, a ponto de paralisá-la diante de certas situações. Diferenciar o que é algo natural ao ser humano de uma questão nociva ao dia a dia torna-se o ponto chave do diagnóstico.

Os principais sintomas

Para identificar sintomas do transtorno de ansiedade, é necessário, em uma primeira avaliação, verificar as reações fisiológicas que vêm associadas aos sintomas psicológicos, além de pensamentos disfuncionais e preocupações. Uma pessoa diagnosticada com transtorno de ansiedade costuma, diante de certos momentos e situações, respirar de maneira mais rápida e pouco profunda, arfando. Assim, quando está se sentindo desconfortável, ela pode até mesmo chegar a ter falta de ar.

Em casos de crise intensa, os principais sintomas são a sensação de tontura, desmaio e uma paralisação do corpo que pode enrijecer e tensionar toda a musculatura. Outras reações que também podem aparecer durante uma crise são:

- Pernas e braços muito agitados, em movimento constante;
- Irritabilidade inesperada;
- Chuva de ideias e pensamentos que se misturam e parecem não chegar a lugar algum;
- Medo extremo de pessoas, lugares e momentos fora da zona de conforto;
- Tremor nas extremidades;
- Suor frio, independentemente da temperatura ambiente;
- Angústia de parecer sempre estar prevendo o pior do futuro;

- Dor no peito, como se tivesse acabado de receber um golpe.

Quando os sintomas acima passam a interferir na rotina do indivíduo e provocam uma sensação de descontrole, como se as sensações descritas tomassem conta de suas ações, é de suma importância buscar ajuda médica, a fim de que um psiquiatra identifique o diagnóstico.

Esses sintomas não são exclusivos do transtorno de ansiedade e, por isso, devem ser notados, avaliados e tratados por um profissional capacitado. Apenas ele é capaz de diferenciar se essas sensações são resultado de episódios momentâneos carregados de tensão — e, justamente por isso, podem ser considerados pontuais —, ou se trata-se realmente de uma patologia.

Assim como toda doença, a ansiedade também contém diferentes níveis de gravidade e atuação. Nenhuma pessoa é acometida por esse transtorno da mesma forma que outra, pois, embora as sensações sejam muito similares, cada emoção é pessoal.

Dito isto, nem os sintomas nem os diagnósticos devem ser generalizados, já que todo mundo sente e lida com suas sensações à sua própria maneira. Isso porque carregamos tristezas, revoltas, incômodos, traumas, lembranças, saudades, desequilíbrios e percepções sobre o mundo de maneira muito particular.

Em nosso cerne, existem dores e cicatrizes que somente nós somos capazes de sentir e identificar. Cada uma delas age de maneira diferente em nossas emoções. A partir do momento que somos impactados por algo percebido como ruim, o fato, apesar de silenciado, segue vivo em nosso inconsciente. Com isso, a qualquer segundo do dia podemos ser acometidos pelos chamados "gatilhos". Um relato de alguém, um pensamento, um objeto, um nome ou até mesmo uma música pode nos levar de volta ao instante no qual sentimos uma dor muito forte ou pode até chegar a nos fazer reviver algum trauma emocional.

Reconhecer suas individualidades é um dos principais passos para obter mais autoconhecimento e para aprender a lidar com aquilo que nos incomoda. Saber as dores que carregamos e o que não queremos levar conosco no futuro pode aliviar a maré de sensações com as quais lidamos: é a chamada possibilidade de ressignificar eventos estressores/traumáticos. É uma maneira de se blindar daquela angústia já conhecida. Por exemplo: uma pessoa intolerante a lactose terá a tendência de evitar ou excluir o leite e seus derivados das refeições. E, quando lidamos com saúde mental, a ferramenta é a mesma. Tendo consciência disso, fica mais fácil evitar os gatilhos, dentro do que é possível.

Lidando com as emoções

Os alunos do ensino médio em nosso país costumam estar em intensa preparação para o vestibular. Ao voltar a atenção para a classe de uma mesma escola, ciente de que todos os estudantes foram condicionados ao mesmo material de estudos e assistiram às mesmas aulas, com os mesmos professores, ainda assim é diferente a inquietação de cada um deles à véspera do vestibular.

Agora tudo é ansiedade?

Alguns terão noites tranquilas de sono, já outros passarão a madrugada despertos e existem aqueles que podem, inclusive, perder a fome ou mesmo comer compulsivamente. Tal variação ocorre porque as emoções acontecem de modo diferente para cada um de nós. Afinal, os medos e as frustrações são diferentes para cada pessoa. Apesar de inseridos na mesma realidade e sob as mesmas possibilidades, em cada indivíduo existe uma bagagem emocional que é única e, por isso, pode alterar a forma com que lidamos com situações tensas.

Diante desse mar de emoções que é a natureza humana, o psicólogo estadunidense Carroll Izard (1923–2017) desenvolveu vários estudos a fim de mostrar que a ansiedade pode ser entendida como um leque de emoções e que, além disso, o transtorno de ansiedade se desenvolve a partir do momento em que o medo passa a ser a emoção dominante de um indivíduo. Ou seja: se há ansiedade excessiva, haverá medo.

O medo, se pensado de maneira genérica, nos acomete em diferentes momentos do dia. Pequenos sustos e sentimentos de vulnerabilidade fazem parte da nossa rotina. E, justamente por isso, sentir medo também faz parte da natureza humana. Novamente, o problema reside quando ele passa a dominar todas as nossas emoções, já que o medo é apenas a ponta desse iceberg que forma uma espécie de "guarda-chuva", trazendo dentro de si várias outras sensações, como angústia, medo de julgamento, falta de confiança, desespero e vergonha. Apesar de serem sentimentos bastante comuns, a partir do momento em que estão todos reunidos, a tomada de decisões acaba sendo prejudicada. Isso acontece porque as vontades, os anseios e os sonhos vão sempre ter de lidar com a barreira da ansiedade, decorrente do medo.

Portanto, o medo não é um sentimento abstrato, causado sem motivação. Assim como muitos fatores, como a própria ansiedade, ele também se vale de escalas de intensidade. O que isso quer dizer? Que nem todo medo é igual.

A partir do início da fase adulta, em que com frequência nos sentimos mais amadurecidos, o sentimento de medo pode se tornar mais complexo, apresentando-se em formas até então desconhecidas pelo indivíduo. Com a entrada no mercado de trabalho, comum a essa etapa da vida, novas manifestações possíveis do medo remetem ao mundo corporativo, à expectativa do sucesso profissional e à convivência no ambiente de trabalho. Por exemplo: se o chefe de uma equipe é autoritário e pratica assédio moral, intimidando seus funcionários para que, ao sentirem medo, obedeçam-no, esse sentimento passa a ser uma constante nos membros da equipe. Esse sentimento pode se apresentar de diversas formas: o medo de errar, o medo de lidar diretamente com o chefe, o medo da demissão... São tantas as manifestações do medo que a bola de neve da ansiedade segue crescendo.

Quando alguém já possui transtorno de ansiedade ou então tem predisposição para desenvolvê-lo, esse emaranhado de medos pode deixar de ser apenas um sentimento pontual para então tomar conta das decisões de vida dessa pessoa, tornando-se um problema.

No exemplo anterior do chefe agressivo, o funcionário que trabalha nessa equipe pode começar a se sentir apreensivo durante o percurso rumo ao trabalho, ou seja, sequer é necessário estar no ambiente nocivo para que apresente os sintomas.

Até mesmo a má alimentação pode apresentar um risco à saúde mental. Esse é um ponto crucial para entendermos que a saúde física e a emocional andam juntas. Uma vida desregrada, repleta de refeições excessivamente ricas em açúcar, gordura, cafeína, e mais ainda se forem ingeridas em horários muito perto da hora de dormir (influenciando o sono), além do uso desregrado de álcool, cigarro e outras drogas, são contingências agravantes do comportamento ansioso. Se esse ritmo de vida for muito prolongado, além dos riscos ligados à saúde mental, há grandes chances de se desenvolver doenças crônicas, como hipertensão, diabetes, entre outras.

Outros contextos que podem contribuir para o surgimento de um transtorno de ansiedade são: manter relacionamentos tóxicos (seja com parceiro ou parceira, pais, irmãos, familiares ou até mesmo amigos), receber cobrança excessiva de si mesmo e de outros, viver sob vulnerabilidade financeira ou social, passar por uma experiência traumática etc.

O quadro ansioso também pode ser intensificado em pessoas com rotinas fundadas em nervosismo e pressa constante (aquelas pessoas descritas como "ligadas no 220V", sabe?). Essa inquietação, às vezes acompanhada do aumento da frequência cardíaca, também se relaciona ao medo e a um sentimento constante de preocupação, agonia e aflição. Afinal de contas, o transtorno de ansiedade faz com que esses sentimentos pressionem quase todas as decisões tomadas ao longo do dia, podendo estas serem conscientes ou inconscientes. E, apesar de serem sentimentos comuns, vão se intensificando em frequência, intensidade e duração a ponto de se transformarem em um transtorno.

Tendo esses fatores em vista, pode-se notar que o diagnóstico de ansiedade não é simples e, muito menos, genérico. Afinal, quando se trata de saúde mental, tudo é muito particular. Mesmo após o diagnóstico, as manifestações podem ser diversas; nenhuma ansiedade é igual a outra. Vamos conhecer a seguir os diversos tipos de ansiedade e suas particularidades.

TAG – Transtorno de Ansiedade Generalizada

O Transtorno de Ansiedade Generalizada (TAG), é um dos tipos mais comuns de ansiedade. Isso se deve ao fato de o TAG surgir em decorrência de excessos na rotina, constantemente provocados pelo acúmulo de funções ou obrigações em um ou mais dos ambientes de convívio do paciente. Os principais sintomas são inquietação, baixo nível de concentração, irritabilidade e insônia, com frequência relacionados a uma palavra muito conhecida em nosso vocabulário: estresse.

Esse tipo de ansiedade se desenvolve, principalmente, diante de situações nas quais a mente não para de pensar nem por um segundo. Como muitos dizem, é "quando a cabeça parece não querer se desligar". Com o descanso prejudicado, a onda de pensamentos contraproducentes passa a consumir os dias da pessoa.

O excesso de trabalho, ainda que dentro de um ambiente corporativo considerado saudável, é uma outra causa possível para o desenvolvimento do TAG. Afinal, o acúmulo de funções dificulta um descanso em sua plenitude. Se o indivíduo em questão não tomar cuidado para separar a vida pessoal da vida profissional, corre risco de ficar pensando em trabalho 24h por dia — e essa é uma receita certeira para ter problemas em sua saúde mental.

Nesse contexto, o trabalho acaba por aparecer desde as primeiras horas do dia, nos fins de semana com a família e até na hora do descanso. A mente vira uma extensão de tudo aquilo que ainda tem de ser produzido, levando a pessoa a acreditar que está sempre em desvantagem ante os prazos. Um comportamento comum das pessoas viciadas em trabalho, também conhecidas como workaholics, é sentir culpa quando está desempenhando qualquer atividade que não seja trabalhar.

Outra situação comum e que pode levar ao desenvolvimento do TAG é a preocupação com as contas a pagar, quando as despesas ultrapassam o valor dos recebimentos mensais. Nesses casos, a mente, mais uma vez, não descansa por completo, e fica em estado constante de preocupação com o futuro da família e daqueles para os quais deseja o bem.

Ainda nesse sentido, aqueles países que possuem taxas de desemprego muito altas também tendem a apresentar aumento em diagnósticos de ansiedade, assim como aqueles que possuem falta de segurança pública e, consequentemente, altos índices de violência.

Além de todos os fatores externos existentes já mencionados, existe também a predisposição genética para o desenvolvimento de transtornos mentais — e a ansiedade não é exceção.

De acordo com Ned H. Kalin, presidente do departamento de psiquiatria da Escola de Medicina e Saúde Pública da Universidade de Wisconsin, nos Estados Unidos, tanto a ansiedade quanto a depressão recebem entre 30% e 40% de influência genética, sendo que os 70% e 60% restantes têm influências externas, respectivamente.

Apesar de ser estudada pela ciência, a ansiedade e seus sintomas não podem ser considerados, propriamente, como algo "exato", porque há inúmeras variáveis e contingências que podem influenciar resultados diferentes em cada pessoa. Por esse motivo, somente profissionais qualificados são capazes de diagnosticar o transtorno.

Fobia social

A fobia social parte da vergonha e da angústia de ser julgado por seus semelhantes. Na visão da pessoa que sofre com esse tipo de transtorno, a fuga pode ser a única maneira de não ter de lidar com o julgamento alheio. Isolar-se e ter uma rotina social pouco agitada são traços de um mecanismo de defesa, naturais desse distúrbio. Assim como, após uma contusão, é preferível o repouso, uma pessoa diagnosticada com fobia social acaba por se isolar do mundo como forma de autodefesa.

Até mesmo para uma pessoa que não sofre de transtorno de ansiedade, o ato de falar em público pode gerar uma série de comportamentos ansiosos como reação em seu organismo, causando frio na barriga e embargando a voz.

A diferença desse tipo de situação é que a pessoa com fobia social pode sofrer crises de ansiedade intensas e até desmaios repentinos. É como se fosse uma "avalanche" de angústia, que se sobrepõe a qualquer outro sentimento.

Apesar de o senso comum argumentar que, para superar o trauma de falar em público, basta encarar o problema, "dando a cara à tapa", quando se tem fobia social, o enfrentamento por si só não é necessariamente uma solução. Ao contrário: o ato de forçar a pessoa a lidar com a questão que lhe aflige, sob o pretexto de que é um "mero desconforto", pode, inclusive, piorar a situação. Nesses casos, o melhor que pode ser feito é ter empatia, respeitar o processo do outro e ajudá-lo a buscar apoio profissional.

TEPT – Transtorno do estresse pós-traumático

Todos estamos fadados a passar por algum evento que muda completamente a nossa vida. O trauma é uma pedra inesperada no caminho, a qual pode rachar o asfalto ou mesmo cair sobre nós, marcando o corpo e a mente para sempre.

As situações traumáticas podem remeter às mais variadas circunstâncias: abusos psicológicos, relações tóxicas, estupros, rompimentos, violências físicas e acidentes são apenas alguns exemplos. A partir do instante em que ocorre o trauma, a vítima pode começar a viver como se estivesse em um filme, no qual revive repetidamente a pior cena. Isso faz com que ela experimente a situação traumática várias vezes, despertando medo constante e, por vezes, ansiedade.

TOC – Transtorno obsessivo-compulsivo

O transtorno obsessivo-compulsivo, popularmente conhecido como TOC, pode ser resumido como o desespero ante à ideia de perder o controle de si ou então de situações que lhe despertem angústia. O TOC é com frequência impulsionado pela culpa e pelo medo, sentimentos que podem desencadear obsessão e compulsão constantes, seja por meio de atitudes ou por pensamentos repetitivos.

Uma pessoa diagnosticada com esse transtorno enquadra-se no perfil de alguém que a todo momento precisa repetir alguma ação, como confirmar se fez algo (por exemplo, trancar as fechaduras de casa após sair), lavar as mãos (geralmente por medo de contaminação), contar alguma coisa (por exemplo, contar até o número 8, por acreditar que, se não o fizer, algo de ruim poderá acontecer com algum ente querido) etc.

Esses efeitos geram uma angústia tão forte que, para a pessoa acometida pelo transtorno, é como se todo e qualquer mal fosse ocasionado por ela própria. E, entre as possíveis causas para isso acontecer, estaria a falta de serotonina no cérebro, que é um neurotransmissor conhecido como o hormônio da felicidade.

Outros tipos de fobia

Além dos transtornos mentais mencionados anteriormente, existe uma miríade de outros diagnósticos possíveis, que só podem ser analisados por um profissional qualificado mediante o contexto da pessoa avaliada e do conjunto de sintomas que a mesma apresenta. A seguir, veremos alguns exemplos de distúrbios comuns.

Fobias específicas

Existe uma multiplicidade de fobias desencadeadas por gatilhos específicos, que podem remeter a um animal (fobia de baratas, aranhas, mariposas); a uma situação (dirigir, vômitos, andar de avião, tomar injeção); a uma imagem (palhaços), entre outros. O medo excessivo característico de tais fobias pode não corresponder ao risco que o objeto do medo de fato representa, e o indivíduo que é acometido por tais fobias pode sentir a necessidade de evitar situações, lugares ou até mesmo sair de casa para não ter de lidar com seu medo.

Ataques de pânico

Os ataques de pânico podem ser tanto um sintoma de outro transtorno (como ansiedade, por exemplo), como comportamentos de um transtorno específico, o transtorno do pânico, quando os episódios de pânico são recorrentes, o que gera uma preocupação praticamente ininterrupta acerca de quando será o próximo evento.

Os ataques de pânico são caracterizados por um grande sofrimento emocional que pode ter manifestações psicológicas e físicas, como falta de ar, sudorese, aceleração dos batimentos cardíacos, e os níveis de intensidade dos eventos podem ter correlação com outros hábitos ou diagnósticos prévios do paciente, como transtorno de estresse pós-traumático (TEPT), abuso de substâncias, depressão e ansiedade.

Ansiedade de separação

Mais comum de ocorrer entre crianças, a ansiedade de separação é assim designada por gerar grande angústia no paciente quando este pensa ou vivencia a separação de entes queridos e outras pessoas por quem nutre afeto. Tal separação pode ser temporária — como quando os pais saem para trabalhar — ou permanente, no caso de morte. A depender do grau de gravidade do caso, apenas o mero ato de pensar em tais eventos de separação pode ocasionar surtos no paciente.

Mutismo seletivo

Também mais prevalente entre crianças, o mutismo seletivo é caracterizado por um bloqueio na comunicação verbal do paciente. Quando a pessoa em questão vivencia uma situação social na qual espera-se que fale, ocorre essa falha e a pessoa não consegue falar, por mais que, em outras contingências, não apresente problemas do tipo. Esse tipo de transtorno pode afetar seriamente a performance da pessoa na vida escolar/acadêmica, no trabalho e nas relações sociais como um todo.

Agorafobia

No caso da agorafobia, por sua vez, a pessoa que sofre com esse transtorno apresenta uma angústia profunda ante a situação de estar em um local cujas rotas de fuga lhes são desconhecidas e onde o acesso para socorrê-lo (caso necessário) seja dificultoso.

A possível necessidade de socorro costuma remeter à preocupação com ataques de pânico iminentes, que podem deixar a pessoa muito desestabilizada. Por esse motivo, é comum que o paciente enfrente dificuldades para frequentar locais que não lhe são familiares, sendo que, às vezes, pode ter problemas para sair do ambiente doméstico.

2

O EFEITO PANDEMIA

a contramão da velocidade intensa que a vida cotidiana impulsionava a cada ano, em 2020 o ponteiro do relógio estagnou. E, absorto pelo medo mais profundo e real — o da morte —, o mundo todo se trancafiou em casa, temendo um vírus fatal até então desconhecido.

O novo coronavírus mudou a rota de tudo o que havia sido planejado para aquele ano; na verdade, mudou a rota de tudo. Se antes estávamos preocupados com o cumprimento da rotina, o vírus letal fez com que nos lembrássemos de outro patamar responsável pela nossa existência: a consciência acerca dos outros e de nós mesmos. A partir de inúmeras batalhas travadas contra um inimigo invisível; a sociedade, apavorada, passaria a se preocupar apenas com o terror da sobrevivência. As incertezas foram postas à mesa, sem que sequer se pedisse licença. Desse modo, ao nos obrigar a conviver com o incerto, sem ao menos organizar as demandas antes iniciadas, a pandemia nos forçou a olhar para nosso interior.

Não foram poucas as pessoas que passaram a questionar a rotina, que tiveram de lidar com o afastamento físico — e muitas vezes também emocional — de entes queridos. Outros desenvolveram um desconforto constante dentro da própria casa, desacostumados a encararem aquele ambiente e a si mesmos. O encontro absoluto com a nossa própria companhia resultou em uma enxurrada de

Agora tudo é ansiedade?

problemas que, até então, em meio à correria, aos dilemas do dia a dia fora de casa, estavam encobertos. Havíamos diminuído a intensidade de tarefas, lidando de forma mais límpida e fresca com as variações do tempo.

Nesse momento, entidades científicas e da área da saúde de todo o mundo passaram a alertar a população a respeito de uma nova pandemia — um tanto mais silenciosa, mas, ainda assim, alarmante. Esta foi a forma como o Conselho Federal de Enfermagem, o Cofen, caracterizou a "segunda pandemia", marcada por uma crise na saúde mental, com um aumento, segundo a OMS, dos casos de ansiedade e depressão após o primeiro ano de convívio com a Covid-19.

A principal razão para o crescimento de novos casos de transtornos mentais está atrelada ao ritmo da rotina. Se antes os variados estímulos ao longo do dia minimizavam sintomas, a partir da perspectiva do isolamento social e do olhar mais voltado para nosso cerne, aquilo que antes incomodava, mas era negligenciado, passou a ganhar protagonismo.

É por isso que, ao longo da pandemia, os transtornos de ansiedade e depressão passaram a receber tamanha atenção. Porque antes o problema estava mascarado e, depois, com os holofotes sobre o âmbito individual, ficou escancarado.

Sobrevivência acima de tudo

Outro medo que a pandemia escancarou foi o da morte. O mínimo descuido poderia transformar uma pessoa saudável em alguém contaminado por um vírus, que não permitia afirmar como afetaria o organismo de determinada pessoa. Todos os locais compartilhados eram zona de risco: as embalagens do supermercado, as mãos usadas para coçar os olhos, a roupa usada para ir à compra de itens essenciais, a janela aberta, os botões do elevador, o ar-condicionado. O desespero tomou conta da população, afinal todos, sem exceção, estavam em risco.

Sem haver uma saída, a angústia, de fato, tomou conta da maioria das pessoas. Até mais do que o medo de ser acometido pelo vírus, existia também a preocupação intensa de perder parentes e amigos. Ao redor do mundo, as notícias escancaravam diariamente a elevação no número de vítimas. Pessoas que viviam sozinhas passaram a conviver com a tecnologia. O trabalho? Virou remoto para quem pôde. Os encontros com os amigos? Uma chamada de vídeo.

Em meio a esse contexto, a menor falta de contato, seja ela uma ligação não atendida ou uma mensagem não lida, pode atuar como um sinal de alerta, visto que, além da saudade do "olho no olho" e das trocas diárias com aqueles que integravam nosso convívio, o receio de que alguma dessas pessoas fosse acometida pela doença gerava uma angústia sem fim. Afinal, não havia nenhum superpoder à distância que pudesse salvar todos aqueles a quem gostaríamos de proteger.

Quando tudo ao nosso redor passou a ser um perigo, o medo, que citamos anteriormente como possível causa da ansiedade, vira a prerrogativa. Medo do vírus, medo de não ver mais aqueles a quem amamos, medo de não saber quanto tempo uma pandemia pode durar, medo de não saber se

Agora tudo é ansiedade?

uma pandemia vai acabar, medo de perder de modo definitivo o convívio com quem gostamos, medo de sair de casa, medo de chegar em casa, medo de não lavar as mãos direito, medo de não saber usar a máscara do jeito certo, medo de não ter máscara, medo de não ter limpado totalmente os produtos depois de comprá-los no mercado. Medo. Uma enxurrada de medo.

A partir das angústias e dos medos que dominam os pensamentos, um dos maiores fatores prejudicados pela ansiedade excessiva nesse contexto é o sono. Por isso, os especialistas desenvolveram o termo "coronasomnia" — que, em português, ganhou a tradução "coronainsônia". Isso se dá porque a insônia, como decorrência da pandemia, acometeu — e continua acometendo — muitas pessoas ao redor do mundo.

A falta de sono ocorre, principalmente, pelo acúmulo de estresse. Como é de esperar, durante uma pandemia ocorre a ruptura da rotina, um modo importantíssimo de organizar as tarefas cotidianas. O lar das pessoas virou, ao mesmo tempo, escritório, cinema, lazer e, também, local de descanso. E, como resultado disso, a palavra "insônia" foi muito mais pesquisada no Google em 2020 do que nos anos anteriores. A pesquisa por "remédio insônia" aumentou 130% em maio de 2020, em relação ao mesmo período do ano anterior.

Luto coletivo

Se antes a morte não estava tão presente em nossa rotina, com a chegada de um novo vírus letal e o aumento exponencial do número de vítimas, a sociedade passou a vivenciar o que

Agora tudo é ansiedade?

chamamos de "luto coletivo". Para além das desesperadoras experiências individuais de não ter a possibilidade de se despedir de um ente querido que se foi abruptamente, muitas famílias foram dizimadas pela Covid-19. A maioria das pessoas eram bombardeadas de informações e, por mais que um parente próximo não tenha sido vítima do vírus, o mesmo não podia ser dito quanto a dezenas de milhares de pessoas ao redor do mundo que, dia após dia, enterravam parentes e amigos. Assim, aqueles dotados de empatia pela dor do outro passaram a sentir um vazio enorme; um sentimento de perda quanto a algo que não necessariamente lhe afetava de maneira direta.

Sendo assim, presenciar acontecimentos que impactam a sociedade de forma definitiva resulta em um sentimento para além do trauma, que é a descoberta de sensações jamais imaginadas ou sentidas antes. Por mais que o ser humano tenha ciência a respeito da morte e tenha costume de alimentar algum tipo de desconforto, a experiência de ser contemporâneo a uma pandemia que causou a morte de milhões de pessoas é, de certo modo, um meio de desenvolver laços com números.

Ao longo de um processo no qual todos estão inseridos em situação de risco, os números de novas vítimas que aparecem nos noticiários transformam-se em pessoas de carne e osso. A partir do momento que todos estão sob a mira de um novo vírus, mães, pais, amigos, irmãos, conhecidos, parentes distantes, entre outros, passam a ser "alvos" — e, quando se observa o número de pessoas que morrem todos os dias, direta ou indiretamente por causa desse vírus, o sentimento que permanece é o de que, a qualquer momento, poderia ser um de nós.

Em um momento pandêmico como o da Covid-19, além de sermos testemunhas do aumento desenfreado de vítimas, tanto na quantidade de infectados quanto na quantidade de falecimentos, experimentamos as fases do luto de forma sobreposta. Todos os dias parecem um novo começo, uma retomada ao degrau anterior, ao mesmo tempo que o distanciamento social, o medo e a preocupação deixam os nervos à flor da pele. Trata-se de uma ferida aberta em que o menor gatilho faz com que relembremos a dor, fazendo parecer que a ferida só foi aparecer naquele exato instante.

Traumas e situações tristes e inesperadas acontecem o tempo todo. Não há como fugir.

As próprias descobertas da vida já são consideradas uma montanha-russa de emoções, afinal, assim como nossas emoções, cada dia se desenrola de maneira diferente para cada pessoa. Existem momentos em que estamos em paz e outros nos quais temos de lidar com problemas, incômodos e angústias.

O aumento nos índices de transtornos mentais

Até a chegada da Covid-19, nunca foram tão frequentes na sociedade temas como saúde mental, depressão e ansiedade. Esses assuntos podem ser vistos com certo preconceito por algumas pessoas, e o principal motivo para isso acontecer é a desinformação. Mas, afinal, houve um aumento real de casos de transtornos mentais desde 2020? Será que a nossa realidade e os nossos costumes estão contribuindo para uma sociedade cada vez mais desamparada no âmbito emocional? Ou será que o assunto está deixando de ser tabu e, por isso, passando a ser cada vez mais comentado?

Segundo dados da OMS, ao menos 1 bilhão de pessoas no mundo são diagnosticadas com transtornos mentais. Dentre elas, cerca de 31% convivem com ansiedade. O problema, como explicado no capítulo anterior, não vem de agora. Os seres humanos convivem com questões mentais há muito tempo. No entanto, se puxarmos na memória, quantas pessoas com ansiedade conhecíamos alguns anos atrás e quantas conhecemos hoje em dia? Será que é somente um aumento de diagnóstico ou as novas ferramentas e modernidades têm a ver com o aumento nos índices de ansiedade?

Para o filósofo e professor sul-coreano Byung-Chul Han, o século XXI está passando por uma transição de ordem patológica. Se nos últimos séculos se destacavam as crises bacteriológicas e virais na saúde pública, hoje as doenças psicológicas/psiquiátricas têm despontado como uma das mais dominantes.

O transtorno de ansiedade, a depressão, o transtorno de déficit de atenção com hiperatividade (TDAH) e a síndrome de burnout representam, por exemplo, transtornos característicos da atual geração. Em seu ensaio *Sociedade do cansaço* (2010), Han defende que vivemos e alimentamos uma estrutura criada para que nos transforme em sujeitos de desempenho e produção.

A estrutura a que Han se refere provocou a dominação do inconsciente social contemporâneo com ideias que partem de uma suposta invencibilidade do ser humano, resultando na formação de uma sociedade que crê que nada é impossível. Nesse cenário, aumentam-se as expectativas, as metas e os objetivos, e, quando estes não são alcançados, a pessoa passa a ser levada por um sentimento de insuficiência e frustração. Para o autor, "a lamúria do indivíduo depressivo de que nada é possível só se torna possível em uma sociedade em que nada é impossível".

Essa busca por produzir mais e mais fez com que nos tornássemos uma *sociedade do cansaço*, conceito cunhado pelo próprio filósofo. Uma pesquisa realizada em 2013 pelo Instituto Brasileiro de Opinião Pública e Estatística (Ibope) demonstrou que 98% da população brasileira se sente cansada mental e fisicamente; entre os mais cansados estão os jovens da faixa etária de 20 a 29 anos. Esse quadro tem se repetido em outros países, apontando a exaustão como um problema geracional.

Em contrapartida, a ansiedade faz com que os jovens sejam tomados por um fôlego incomum: eles já não mais se satisfazem com as 24 horas de que dispõe o dia, buscam sempre mais — mais tempo, mais oportunidade, mais possibilidades... Tudo isso porque não podem perder a única chance que lhes foi dada: a de viver o momento do agora. No entanto, ao mesmo tempo que esse comportamento impulsiona vontades que antes eram mantidas de lado, nem tudo está sob nosso controle:

- Jamais estaremos completamente satisfeitos e completos;
- Por mais que se tente fazer de tudo, sempre haverá falta de alguma coisa;

- Cada indivíduo tem o seu próprio processo;
- O tempo é um recurso pessoal e intransferível;
- Quanto mais embarcamos em infinitas ideias, mais difícil fica navegar no mar que desejamos;
- Dias com pouca empolgação também são válidos;
- Não é possível fugir indefinidamente de obrigações e tarefas para sentir adrenalina constante;
- Quanto mais coisas queremos, mais nos frustramos, e, quanto mais nos frustramos, mais coisas queremos. É um ciclo vicioso;
- Aceitar que nem sempre as situações sairão ao nosso gosto faz parte da humanidade.

A partir do momento que a sociedade identifica uma única oportunidade para fazer tudo a seu bel-prazer, lidar com os erros vira um tormento. Ademais, para aumentar o panorama de como a vida moderna lida com objetivos, tarefas, rotina e utilidade, é necessário abordarmos o tema "tédio". Até porque percebe-se que as pessoas embaladas em uma era digital dificilmente sabem lidar com esse tema. Para muitas delas, prestar atenção ao horizonte torna-se perda de tempo, como se descansar ou simplesmente não fazer nada fosse uma tarefa deslocada da vivência humana.

Uma relação nociva com as redes sociais funciona como um carrossel movido pelo tédio. Nós nos sentimos entediados, fugimos para as redes sociais, então lá a enxurrada de informações nos cansa, fazendo com que deixemos o aparelho de lado; em seguida voltamos a nos sentir entediados, daí retornamos ao feed; o tsunâmi de notícias volta a nos deixar exaustos, bloqueamos o aparelho, e o ciclo mais uma vez se repete...

E, se você não tiver consciência da motivação de suas escolhas, esse ciclo, de fato, pode ser infinito. No entanto, ao se dar conta de que a tecnologia serve como um meio de fuga do tédio e que, ao fazer isso, você rapidamente se cansa daquele formato de interações múltiplas, o uso da tecnologia passa a ser mais saudável, ou, talvez, menos nocivo.

Mas o que isso tem a ver com a ansiedade? Bem, trata-se da necessidade de sempre sentir-se útil — ou de considerar útil o uso de seu tempo. Isso acontece porque, dado que estamos cada vez mais atolados em tarefas, deixamos de prestar atenção à passagem do tempo. Mais comum do que passar alguns minutos em contato com as mudanças do céu ou observando o movimento das árvores, está a recorrente reclamação de que "o dia passou muito rápido". Ou, então, que os anos estão voando; tudo está muito rápido.

Nesse processo, é comum que passemos a acreditar que estar vivo é trabalhar durante 10, 12 ou até mesmo 15 horas a fio por dia, assistir a todas as novas séries que ganham destaque, acompanhar todas as notícias, estar com as redes sociais atualizadas, cuidar da pele... Contudo, aproveitar a vida também pode ser deitar-se sozinho no gramado e observar o céu à medida que se presta atenção à própria inspiração e expiração. É preciso ter a consciência, e acreditar nela, de que um dia no qual não se conclui nenhuma atividade, no qual as horas passam e você simplesmente segue contemplando os acontecimentos ao seu redor, também é um dia bem vivido.

Mindfulness e meditação

Conforme mencionado anteriormente, os sintomas da ansiedade não duram para sempre — por mais que, durante uma crise, possa parecer o contrário. Mas como lidar com essas situações que, por vezes, são tão frequentes? A cada dia, mais pesquisas enriquecem a literatura científica a respeito da eficiência da meditação e da atenção plena — também conhecida como mindfulness — no tratamento para a ansiedade.

E não é apenas no âmbito científico que a meditação e o mindfulness se destacam:

eles também caíram no gosto popular e, com isso, tendem a ganhar cada vez mais espaço na rotina das pessoas.

Atualmente, são inúmeros os sites, aplicativos, livros, podcasts, especialistas e muitos outros produtores de conteúdo que visam ajudar todo tipo de pessoas — inclusive ansiosos — a focarem mais no momento presente como meio de lidar com as preocupações que nos inundam e, com isso, ser capaz de levar uma vida mais completa e plena.

É importante destacar, porém, que a adoção da meditação e da atenção plena servem como instrumentos auxiliares para lidar com a ansiedade, não substituindo, em nenhuma circunstância, o tratamento com profissionais qualificados, médicos psiquiatras e psicólogos.

A saúde mental nas grandes cidades

Ao colocarmos em foco as últimas gerações, em um recorte comparativo entre millenials (aqueles que nasceram entre 1980 e 1994), a geração z (nascidos entre 1995 e 2010) e as gerações anteriores, o movimento de modernização urbana intensa e a imersão cada vez mais massiva e, principalmente, naturalizada no mundo digital representam os maiores saltos comportamentais e de estilo de vida entre elas.

Na experiência de vida das gerações anteriores, os conceitos de produtividade, "metas" e afazeres "urgentes" eram bem diferentes do que aqueles que são propagados hoje em dia. Suas rotinas, mesmo com as dificuldades e os obstáculos cotidianos, são com frequência relatadas como se o tempo passasse de maneira diferente, vivendo cada dia com menos pressa. Mas em que momento a vida moderna mudou o estilo de vida das pessoas?

A raiz para compreender essa questão está no fim do século XIX e começo do século XX. Esse período marcado por mudanças sociais e econômicas intensas, teve grande profusão de pensadores, dentre os quais o sociólogo alemão Georg Simmel (1858–1918), que destrinchou o tema no artigo *A metrópole e a vida mental*.

Ao estabelecer comparações entre a vida urbana e a vida rural, o autor traçou o perfil do "homem metropolitano" e discorreu sobre como esse personagem, criado em uma tentativa de conviver com a brutalidade da cidade grande, adoece em meio aos novos parâmetros sociais.

Ao partir do argumento de que a vida em espaços urbanos pode prejudicar a saúde mental dos indivíduos que os habitam, Simmel destaca como causas o excesso de estímulos provocados pelas metrópoles, as atividades econômicas (no momento em que as relações se dão por meio da circulação de dinheiro), os costumes e o distanciamento afetivo entre as pessoas.

Com cada atravessar de rua, com o ritmo e a multiplicidade da vida econômica, ocupacional e social, a metrópole faz um contraste profundo com a vida da cidade pequena e a vida rural no que se refere aos fundamentos sensoriais da vida psíquica. A metrópole extrai do homem, enquanto criatura que procede a discriminações, uma quantidade de consciência diferente da que a vida rural exige.

O homem metropolitano, então, se arma contra as ameaças desse ambiente ao assumir uma postura exageradamente racional — a qual é chamada de "intelectualização". Essa reação aos fenômenos da cidade, programada para atingir somente à racionalidade humana, provoca uma onda de transtornos psicológicos na mesma sociedade que é condicionada a viver nesses termos.

Em uma grande cidade, conviver com tragédias e miséria se tornou algo comum. Essa ferramenta de intelectualização é o que faz com que a pessoa consiga transitar nesse meio de forma mais individualista e enxergue com mais indiferença os fenômenos sociais cruéis existentes à sua volta. Mas, talvez, nossa mente não esteja, de fato, programada para lidar com o caos do dia a dia dessa forma. E tudo bem se não estiver.

Transformação ao longo do tempo

Em 1961, filósofo francês Michel Foucault (1926-1984) elaborou sua tese de doutorado, que mudou a compreensão acerca de sanidade, loucura e bem-estar social. *História da loucura* foi publicada em forma de livro e retoma aspectos e vertentes que instigaram a luta antimanicomial, que critica a internação compulsória, que visa apenas "se livrar do problema", "tirá-lo das vistas da sociedade". A loucura passa a ser vista como construção social.

Foucault passa, então, a entender que o fato de a sociedade usar nomes como "certo" e "errado", "válido" e "inválido", "sensato" e "insensato" está diretamente ligado ao comportamento de cada época. O que na Grécia Antiga era considerado dentro do padrão, por exemplo, na Idade Moderna passa a ser taxado como inadequado.

Os primeiros relatos existentes a respeito de transtornos psíquicos vêm de antigas civilizações, como é o caso da Índia, da China, da Mesopotâmia e do Egito. Naquele tempo, atitudes hoje relacionadas às questões mentais estavam diretamente ligadas a poder demoníaco e possessões, por exemplo. Acreditava-se que espíritos ruins tomavam posse do corpo do outro e tinham a ideia de que, após a "retirada" do espírito malfeitor, o possuído voltaria à normalidade.

Toda essa história, datada do século IV a.C., foi reafirmada pelos médicos babilônios, que recomendavam aos enfermos o tratamento via práticas astrológicas e oráculos. À época, tudo era visto como uma força oculta, perigosa e que não fazia parte da sociedade e, por isso, devia ser retirada para que a ordem ali reingressasse.

As doenças psicológicas também vinham acompanhadas de muita culpa. Ao atrelar religião com medicina e ciência, as sociedades antigas acreditavam que problemas mentais só acometiam alguém a partir da existência de um mal — muitas vezes, a culpa pela enfermidade era colocada no próprio enfermo. Por isso, exorcismos, açoites e até inanição foram práticas recorrentes para a exclusão daqueles que não se encaixavam nos ditos padrões aceitáveis da época.

É somente no século XV que a anatomia passa a ser um estudo direcionado também às perturbações mentais, no qual especialistas e médicos começam a fazer ligações entre os aspectos físicos que afetam as emoções e vice-versa. Então, é a partir da Idade Moderna que a razão e a loucura associam aqueles que são verdadeiros (racionais) dos que são considerados mentirosos, falsos e equivocados (loucos).

O filósofo René Descartes (1596–1650) entendia a loucura como desassociada da razão, ou seja: o pensamento crítico não faz parte daqueles considerados loucos. E foi assim que, usando tal justificativa, manicômios e unidades de exclusão social foram desenvolvidos, a fim de manter o "louco" à margem da sociedade. A partir do século XIX, a percepção foi mudando e a doença mental começou a ser mais bem compreendida, além de haver a introdução de tratamentos que objetivavam a inserção do indivíduo na sociedade.

Conforme estudado por Foucault em sua busca pelas definições de "normal" e "patológico", a loucura já foi vista historicamente como demoníaca. Felizmente, hoje os estudos científicos têm avançado cada vez mais de modo a se compreender as angústias como sintomas de transtornos mentais, tais como ansiedade e depressão.

3

OS RECORTES DE RAÇA, CLASSE E GÊNERO

ão é nenhuma novidade que o Brasil é um país populoso e desigual. Em uma pesquisa realizada em 2022 pelo *World Inequality Lab* (Laboratório das Desigualdades Mundiais, em tradução livre), na qual cem países foram analisados, o Brasil teve sua triste desigualdade de renda constatada: 10% daqueles mais ricos ganham mais da metade de toda a renda nacional e cerca de 80% do chamado patrimônio privado do país está concentrado em suas mãos. Em contraponto a esse índice, a metade mais pobre do Brasil tem menos de 1% de toda a riqueza nacional.

Por ser tão escancarada, a desigualdade brasileira está à mostra não só nos números, como também no contraste de diversos aspectos: favelas, subúrbios e uma carência gritante de estrutura mínima e políticas públicas em comparação a condomínios de luxo, acesso à educação de qualidade em todos os níveis de escolaridade, ao transporte, acesso a lazer, a uma alimentação balanceada e com ingredientes de qualidade, entre muitas outras questões.

Assim como acontece com outras necessidades básicas à sobrevivência e ao bem-estar de um indivíduo, o acesso ao autocuidado e à saúde mental também é dificultado às camadas menos favorecidas da população brasileira. E, dentro dessa fatia, há diversos outros recortes: de raça e de gênero.

De acordo com o IBGE, 56% da população se autodeclara preta ou parda. E, ainda com base na mesma instituição, metade dos brasileiros, 51,1%, é composta de mulheres. Apesar de serem maioria demograficamente, isso não significa que recebem políticas públicas o suficiente para atender às suas necessidades.

Em uma sociedade que o machismo, o racismo, a homofobia e a desigualdade social imperam, é válido notar que o preconceito pode ser um fator agravante de transtornos mentais, criando barreiras à procura de tratamento. Considerando que a ansiedade tem graus de intensidade, é necessário levar em conta que as pessoas que sofrem com preconceito de classe, raça e gênero estão mais sujeitas a sofrerem de ansiedade, pois isso impacta diretamente nossas emoções, reações e a maneira como encaramos a vida.

Por isso é tão importante considerarmos tais recortes nessa tentativa de estabelecer uma maior compreensão acerca das doenças da mente: é difícil atravessar a vida imune a esses preconceitos quando se pertence a alguma minoria política — e mais ainda atravessá-la isento de danos psicológicos.

Desse modo, é nosso papel, enquanto sociedade, compreender a angústia do outro e colaborar para que toda e qualquer forma de preconceito não mais seja tolerada.

Além disso, encaixa-se também nesse papel a necessidade de sermos cada vez mais empáticos, reconhecermos a nossa dor e a do outro e entendermos que tanto uma quanto a outra são válidas, mas que, por conta de contextos distintos e assimilações diversas da vida, elas possuem causas, efeitos e formas de tratamento diferentes.

Classe

Quando vivemos em uma sociedade na qual muitos não têm o mínimo para sobreviver, o ditado popular "dinheiro não traz felicidade" é ressignificado. De fato, não é possível adquirir amor, carinho e companheirismo em uma loja. Mas, fugindo desse clichê, é de conhecimento comum que o dinheiro garante às pessoas condições mínimas de sobrevivência, ou seja, moradia, alimentação para toda a família, transporte, saúde, educação, além de lazer e cultura. Ao prover aquilo que é essencial, é possível ter mais tempo para cuidar das relações e emoções.

Contudo, um estudo divulgado em 2021 e feito em parceria entre a Universidade Livre de Berlim, a Universidade de Brasília (UnB) e a Universidade Federal de Minas Gerais (UFMG) apontou que 59,4% da população brasileira se encontrava em situação de insegurança alimentar. Isso significa que a falta de alimentos em quantidade ou qualidade necessária trazia impactos para a saúde de cerca de 125 milhões de brasileiros, que não conseguiam estabelecer ao menos três refeições com qualidade nutricional por dia.

Se a possibilidade de alimentar o corpo de forma adequada não faz parte da rotina de toda a população, com que investimento essa parcela conseguirá cuidar da saúde mental? Ou como é possível ter saúde mental quando é preciso se preocupar com o básico para a própria sobrevivência e a de sua família? E em uma realidade na qual o acesso às necessidades mais básicas é difícil e escasso, quando a saúde mental se torna uma pauta?

Entre os brasileiros, é uma realidade comum o soar do despertador antes das cinco da manhã, para que seja possível sair de casa cedo e, assim, chegar a tempo no trabalho. Isso ocorre porque a população mais pobre geralmente mora em áreas mais periféricas, que ficam bem longe dos grandes centros empregatícios. Como resultado, o tempo de deslocamento se estende por horas a fio e, além disso, o serviço executado por essa parcela da sociedade está tradicionalmente ligado às forças manuais. O desgaste físico das oito horas laborais — quando não mais — é ainda mais intensificado por causa do trajeto feito, que é com frequência percorrido por meio de transporte público em condições precárias.

Especialmente em grandes capitais, muitos perdem cerca de quatro a cinco horas por dia só no caminho entre casa e trabalho. Em um dia de 24 horas, o que resta, quando resta, é um tempo mínimo na agenda, poucas horas de sono, um corpo exausto e com menos nutrientes do que o necessário.

Em um recorte ainda mais aprofundado, é possível identificar inúmeras outras violências que cercam o trabalhador, como aquelas em que chefes e líderes os menosprezam ou maltratam diante de outras pessoas. Essa sensação de se ver inferiorizado, inserido, porém, às margens de uma realidade em que a pessoa menos privilegiada não se encaixa, pode trazer um sentimento de angústia constante — além do sonho permanente de querer mudar de vida e melhorar as condições financeiras da família.

Quando o dia acaba, é frequente que voltem as preocupações, como o medo de não conseguir pagar os boletos, de não ser capaz de alimentar os filhos ou de perder o trabalho, seja ele com carteira assinada ou não. Isso tudo afeta o sono, sem contar aquela dor latente de sempre estar na berlinda, não saber se haverá ordem de despejo ou se, no dia seguinte, haverá feijão no prato da família.

Infelizmente, se os transtornos psicológicos já são vistos como tabu em toda a sociedade, quando se trata de uma parcela mais pobre da população, que todos os dias precisa lutar pela própria sobrevivência, qualquer problema para além das necessidades financeiras é entendido como "frescura", aumentando o estigma e dificultando ainda mais o acesso das pessoas menos privilegiadas a cuidados de saúde e bem-estar.

É muito mais comum ter a valorização das chamadas "histórias de superação" do que a defesa de uma sociedade saudável e igualitária para todos. Em vez de ter de lutar muito mais que os outros, precisando superar os próprios limites o tempo todo, o cenário mais democrático seria um no qual ninguém precisasse correr atrás dos próprios sonhos enquanto luta contra a fome, afinal, o bem-estar social é direito de todos. Ou deveria ser.

Raça

Mais da metade da população brasileira se autodeclara preta ou parda e, de acordo com a ONU, a cada 23 minutos um jovem negro é assassinado no Brasil. Um dado como esse assusta qualquer pessoa que estabeleça o mínimo de empatia com o outro. Não é à toa que fazer parte desse grupo pode gerar medo constante, como se fosse preciso sobreviver em meio a uma batalha diária.

Agora tudo é ansiedade?

Um levantamento feito pelo Ministério da Saúde aponta que, no Brasil, jovens negros têm 45% mais probabilidade de desenvolver depressão se comparados a jovens brancos. Por isso, ao se falar sobre saúde mental é preciso abordar pautas como o racismo. Até porque, infelizmente, é muito comum que a angústia decorrente do preconceito sofrido pelas pessoas negras seja uma das causas para o desenvolvimento do transtorno de ansiedade, e até depressão.

De forma cruel, o racismo tem como fundamento inferiorizar e objetificar a pessoa por conta de seu tom de pele. Esse preconceito, enraizado de maneira profunda em uma sociedade historicamente escravocrata, impulsiona um sentimento de inferiorização. Afinal, um país pavimentado pelo racismo é também um país no qual as pessoas negras tradicionalmente são excluídas dos lugares ocupados pelas pessoas brancas.

Para constatar essa afirmação, basta olhar em volta e verificar a cor das pessoas e o lugar que estas ocupam na sociedade. Em restaurantes muito abastados, por exemplo, é comum vermos mais pessoas pretas em posições de servir do que como clientes. E por que isso ocorre? Porque, historicamente, a escravidão multissecular das pessoas negras as desumanizava aos olhos da sociedade branca, obrigando-as a posições de servidão.

Mesmo após a abolição da escravidão, as pessoas pretas foram relegadas à marginalidade, sem o menor incentivo de políticas públicas que as integrasse à sociedade de maneira digna. Mesmo várias gerações após a assinatura da Lei Áurea, o pensamento da sociedade historicamente escravocrata ainda tem raízes racistas, algo que, embora esteja sendo altamente combatido em vários âmbitos da sociedade, ainda afeta — e muito — a população preta.

Os sentimentos causados pelo racismo nas pessoas negras também podem afetar os hormônios relacionados ao bem-estar humano. Sensações de perigo inesperado aumentam os níveis de cortisol no organismo, responsável por controlar o estresse causado por tais sensações. E, embora o corpo humano esteja adaptado para presenciar um aumento de cortisol de forma esporádica e em um curto período, ninguém está preparado para viver sob uma sensação constante de perigo ao longo de um dia inteiro, todos os dias — afinal, o racismo não tira férias.

Passar o dia inteiro no chamado "estado de alerta" não só causa um desequilíbrio hormonal como também exaure o corpo. Viver com medo e manter-se sempre preparado para um momento de desconforto e/ou perigo também contribuem para um eterno estado de angústia e fadiga, tanto física quanto emocional.

Tal informação tem como base um estudo feito pelo Centro de Desenvolvimento Infantil da Universidade de Harvard, divulgado em 2020, que, além da exaustão, apontou outras três formas sob as quais o racismo afeta o cérebro de crianças e jovens — mas que, da mesma maneira, também afeta as pessoas já em fase adulta. O chamado estresse tóxico, descrito anteriormente como "sensação constante de perigo", coloca pessoas negras em uma faixa de risco para maior probabilidade de desenvolver doenças crônicas — aquelas que carregamos ao longo da vida. Segundo o Ministério da Saúde, a diabetes tem uma incidência 50% maior em brasileiros negros do que em brancos.

A endorfina, chamada de "hormônio da felicidade", tem menor incidência em crianças negras. Seria só coincidência? Tendo em vista o alcance do racismo, é altamente provável que não. Além disso, estatisticamente, as crianças pretas têm menos amigos, recebem menos carinho e se frustram com maior incidência por causa de sua autoestima.

Ainda segundo pesquisa da Universidade de Harvard, avanços científicos têm apresentado um retrato cada vez mais evidente de como a forte adversidade na rotina de crianças pequenas pode afetar o desenvolvimento do cérebro e, ainda, de outros sistemas biológicos. Inclusive, essas perturbações na primeira infância podem enfraquecer as oportunidades dessas crianças de alcançarem seu pleno potencial.

Gênero

Os padrões da sociedade interferem na forma como enxergamos o outro. Cientificamente, não existe nenhuma justificativa que coloque o gênero feminino como um melhor executor de tarefas domésticas ou então que comprove que mulheres já nasçam com maior aptidão aos cuidados maternos. Entretanto, existe essa força chamada patriarcado que faz com que mulheres tenham um acúmulo de funções e maior responsabilização no cuidado dos filhos, na organização da casa e no bem-estar de toda a família.

Segundo relatório divulgado em 2020 pelo Instituto Ipsos, 49% das mulheres brasileiras se sentem ansiosas. Em comparação, os

Agora tudo é ansiedade?

homens estão um pouco mais desafogados emocionalmente, já que, entre eles, 33% se sentem ansiosos. Novamente, os dados não confirmam alguma predisposição nos genes femininos, e sim demonstram como a sociedade deposita uma avalanche de responsabilidades em cima das mulheres, algo que gera excesso de carga mental.

O problema silencioso de um trabalho não reconhecido, sem descanso e que, muitas vezes, confere à mulher a alcunha pejorativa de "pessoa estressada" — como se as tarefas domésticas de praxe delegadas às pessoas do sexo feminino não fossem exaustivas — está diretamente atrelado às questões mentais que ocorrem nesse recorte social de gênero.

Mesmo na evoluída sociedade moderna, na qual as mulheres conquistaram o direito à escolha de manterem um trabalho remunerado, o retorno para casa está atrelado à cobrança de um segundo turno: cuidar da família e da casa, muitas vezes sem a divisão igualitária das tarefas com o parceiro. É comum a mulher precisar solicitar a divisão das tarefas ou, como é comum ouvir, o parceiro "ajudar" em casa, sem considerar que ambos vivem sob o mesmo teto e, portanto, são igualmente responsáveis pela manutenção do lar.

E vale lembrar que essa segunda jornada não costuma ser remunerada, ainda que sua execução, como qualquer outro trabalho, exija esforço físico, tempo, planejamento etc. Como resultado dessa rotina, muitas vezes o que resta é uma mente exaurida, que já não mais consegue se concentrar da mesma forma, além de um senso de responsabilidade tão grande em meio a todas as necessidades da família. Nesse contexto, é comum a sensação constante de esgotamento. É como se o corpo nunca descansasse, não tivesse permissão de relaxar.

O chamado "trabalho invisível" segue dia após dia. E, por não se tratar de uma exaustão explícita, a mulher percorre a vida tendo de lidar contra o esgotamento físico e mental. Como se o modo natural das coisas fosse sentir-se cansada ininterruptamente. Muitas mulheres, inclusive, não têm consciência da própria exaustão, tomando como certo e natural o acúmulo de funções e tarefas, pois "sempre foi assim".

A exaustão, obviamente, pode levar a reações de um descompasso mental. Comportamentos como falta de sono, irritação, cansaço e a negação de tempo para si, entre outros fatores, têm como consequência um aumento na irritabilidade. O incômodo acaba por ser um pedido de ajuda do inconsciente, um grito da angústia. Infelizmente, o mais frequente é o parceiro se acomodar com a mulher resolvendo a vida familiar e, sem demonstrar empatia, manter o peso de toda a responsabilidade da rotina em cima de sua companheira. Nessa conjuntura, muitas mulheres adoecem, seja física ou mentalmente.

Em 2014, um estudo realizado pela Universidade de Michigan, nos Estados Unidos, apontou que é comum homens se separarem das mulheres quando estas adoecem e, ainda, que o contrário dificilmente ocorre. A mulher, que passou grande parte da vida se dedicando ao bem-estar do companheiro, esgotada emocionalmente e, muitas vezes, deixando-se em segundo plano, acaba sendo abandonada no momento em que mais precisa.

E não é apenas a sobrecarga com a dupla jornada que pode desencadear a ansiedade nas mulheres. A cobrança excessiva para ser bem-sucedida no trabalho, o esforço adicional necessário para ser ouvida por pares — especialmente em um ambiente majoritariamente masculino —, para atingir o ideal de perfeição física e comportamental, estar sempre bela e impecável... todas essas e muitas outras circunstâncias contribuem para o esgotamento emocional e mental das mulheres e, em muitos casos, para o desenvolvimento de transtornos mentais, como a ansiedade.

HÁBITOS E NOVOS COMPORTA- MENTOS

Antes de adentrar a observação de atitudes que podem intensificar a ansiedade, é importante entender como uma rotina bem definida impacta nosso cérebro. Desenvolver hábitos e rotinas nada mais é do que o modo como o cérebro identifica uma oportunidade de economizar energia, ou seja, quanto mais automatizado é um processo, menos dedicação exige. Em muitos casos, a situação pode ser benéfica, até para "liberar espaço" para o cérebro resolver situações mais complicadas.

Tal qual um computador, nosso organismo também tem plena capacidade de automatizar processos. Quando as pessoas estão dirigindo, por exemplo, elas não pensam na hora de trocar uma marcha, acelerar ou frear. Sabem o que estão fazendo e, por isso, executam a ação sem gastar tanta energia. Essa automatização faz com que o corpo e a mente já saibam qual ação executar a seguir e, por causa da previsibilidade, os níveis de estresse diminuem e consequentemente nos sentimos seguros e tranquilos.

Como se forma um hábito?

Segundo Charles Duhigg, três fatores são cruciais para um indivíduo desenvolver um hábito: gatilho, rotina e recompensa. Isso quer dizer que precisamos de um gatilho, ou seja, uma situação que impulsione a ação. Em seguida, existe a ação, que nada mais é do que aquilo que se deseja executar para que exista a rotina. No fim, há a recompensa. Um exemplo nítido é a rotina de exercícios. Para uma pessoa que prefere realizar atividades físicas pela manhã, o gatilho pode ser sair da cama. A ação é, então, o exercício físico propriamente dito. A recompensa? A endorfina.

A situação citada acima é somente um exemplo. Já que para desenvolver um hábito é preciso identificar, de forma particular, qual gatilho faz sentido e qual recompensa é válida para cada indivíduo. Para alguns, a sensação de endorfina após uma atividade física não é o suficiente para ser considerada uma recompensa. Sendo assim, ingerir alguma fruta que goste ou até mesmo escutar seu podcast predileto ou banda favorita pode ser uma recompensa interessante.

A parte mais difícil de um novo hábito é, sem dúvida, o começo. Hábitos não se formam da noite para o dia e é preciso reforçar na rotina a nova ação até ela se interiorizar e se tornar automatizada pelo cérebro. Ao passarmos a realizar esses comportamentos sem que nosso cérebro precise se preocupar com as decisões a serem tomadas, ele deixa de entrar no estado de alerta que desencadeia o estado ansioso e, assim, conseguimos ter uma vida mais tranquila e com a sensação de segurança.

Hábitos prejudiciais

Da mesma forma que é possível desenvolver um novo hábito saudável, também existe a possibilidade de desenvolver uma rotina desregrada e que pode prejudicar questões emocionais. Entre os novos comportamentos sociais que prejudicam a saúde mental está o uso excessivo de redes sociais. Tal uso não diz respeito apenas ao tempo dedicado às redes, e sim ao impacto negativo que elas podem exercer em nossa vida se utilizadas de maneira prejudicial.

Voltemos, portanto, ao exemplo citado anteriormente, de uma pessoa que deseja criar o hábito de atividades físicas pela manhã. Se, em vez de acordar e desenvolver suas tarefas a fim de conseguir praticar algum esporte, ela começa a mexer no celular ainda na cama e, a partir desse comportamento, começa a comparar sua vida e seu físico com o de outras pessoas, por exemplo, o início do dia já começa prejudicado, pois afeta a motivação e a autoestima.

Por muitas vezes, para manter os maus hábitos, damos a desculpa de que os fazemos para aliviar o estresse. Isso é chamado de "recompensa imediata" e, em longo prazo, pode se tornar um vício, já que o cérebro fica condicionado a buscar o sentimento de prazer, seja em forma de comida, álcool ou até mesmo por engajamento nas redes sociais.

Outros hábitos ruins que podem prejudicar a saúde mental e até agravar transtornos de ansiedade e outros distúrbios psicológicos são a má alimentação, o sedentarismo, o hábito de valorizar a opinião dos outros mais do que a sua própria, levar a vida de maneira muito pesada e séria, sobrecarregar-se, ficar incomodado com a própria companhia, abusar da cafeína, do açúcar, da nicotina e de outras substâncias. Um modo de começar a controlar hábitos ruins está na observação. Você come chocolate só quando se sente aflito? Em dias de trabalho muito atarefado, há consumo excessivo de café? A partir do olhar crítico sobre a nossa rotina, fica mais fácil identificar aquilo que não é construtivo, aquilo que fazemos para fugir de situações ruins ou até mesmo para camuflar relações desbalanceadas.

Aos poucos, é possível mudar a rota, trocar conscientemente aquilo que não mais funciona e estabelecer hábitos e comportamentos saudáveis. Lembre-se: toda mudança requer tempo. Não se desespere e tenha consciência de que abrir mão de ações ruins também é abrir portas para novas experiências, as quais podem ser ainda melhores.

Hábitos que podem ajudar

Assim como os fatores externos podem impactar nossa saúde mental de maneira negativa, comportamentos positivos podem amenizar a ansiedade. E, dessa forma, falar da melhora de um transtorno mental é também fazer com que a qualidade de vida prospere, trabalhando de forma consciente e positiva em diversos aspectos de nossa vivência. E, assim, ter autonomia para escolher aquilo que nos faz bem e o que desejamos afastar pelo fato de nos fazer mal.

A organização é uma das principais mudanças positivas capazes de aliviar a ansiedade. Isso ocorre porque o hábito de manter as atividades em ordem, sabendo quais tarefas priorizar, contribui para amenizar os inúmeros afazeres da semana. A própria organização do ambiente em si pode ajudar na organização da mente. Nesse contexto, vale ainda listar as tarefas que precisam ser feitas em curto, médio e longo prazo, e, a partir disso, hierarquizar cada um desses afazeres, refletindo sobre quais devem lhe tomar mais tempo, quais exigem mais concentração, quais são os mais urgentes e devem ser priorizados etc.

Além disso, manter uma boa alimentação, ter uma noite de sono de qualidade, seguir uma rotina de exercícios e ter tempo para estar com as pessoas de que gosta, ou até mesmo sozinho, são atitudes que também podem ajudar a acalmar a mente.

Uma pausa para poder seguir

O ritmo da sociedade atual, que prioriza sempre a alta performance e rendimento, faz com que as pessoas sintam a necessidade de serem produtivas ou gerar lucro o tempo todo. Contudo, é possível que uma pessoa goste muito de pintar, mas ela não precisa se tornar uma artista plástica para fazê-lo. Ou, então, que goste de cozinhar, mesmo sem a intenção de se tornar um chef de cozinha.

Uma vez iniciado o tratamento para o seu transtorno mental, há meios de lidar cotidianamente com os sintomas de seu distúrbio. Criar hobbies para si é um desses caminhos, pois o fato de incluir ao longo do dia pequenas doses de algo que gosta é uma forma de lidar com a ansiedade. Encontrar alguma atividade que lhe ofereça um momento de descontração, além de recarregar as energias, é uma forma de voltar com mais empolgação para os afazeres tidos como obrigatórios da rotina.

Uma boa noite de sono

Uma noite mal dormida tem a capacidade de influenciar, de modo negativo, o dia a dia.

Alterações de humor, redução da concentração e da disposição, e cansaço físico são algumas das consequências de um sono agitado.

Algumas pessoas, durante a noite, são acometidas pela súbita lembrança de não terem resolvido assuntos importantes, e têm praticamente um sentimento de culpa por estarem se permitindo descansar. Em vez de concentrarem-se em tudo aquilo que não foi executado, tente inverter a ordem. Respire fundo e analise o que fez do seu dia ser um bom dia. Vale lembrar-se de detalhes, desde que esses tenham feito a diferença. Toda conquista é uma conquista.

Dormir bem não se reflete positivamente apenas naquela crise de ansiedade que tende a surgir durante a madrugada, mas também a maneira como as tarefas serão executadas ao longo do dia. Se as horas de sono são substituídas por horas reviradas na cama, o dia seguinte terá mais chance de ser cansativo, já que o corpo se mantém exausto.

A partir do momento que o corpo relaxa, descansa e se prepara para o próximo dia, as atividades fluem melhor. Tente diminuir o ritmo à noite, trocar o café da tarde por um chá tranquilizante. Deixe para outro momento as séries e os filmes que podem deixá-lo eufórico.

É válido também evitar o uso de telas como celular e computador, já que a luz emitida por esses aparelhos inibe a produção de melatonina que é o hormônio que induz o sono. Prefira aquilo que vá lhe trazer conforto, que acalme sua respiração e não o faça ficar ofegante.

Ansiedade: move ou paralisa?

Dado ao fato de a ansiedade se tratar de uma reação comum a um ser vivo, é preciso encontrar um equilíbrio entre o que é uma sensação natural e o que está descompensado. Cada indivíduo tem suas particularidades em termos de contexto, histórico de vida, desejos, entre outras características, e todo esse conjunto pode ser relevante na análise do diagnóstico e atribuição de tratamento.

Algumas pessoas podem conseguir equilibrar sua ansiedade sem ajuda externa, mas outras precisam de acompanhamento profissional especializado, e outras ainda precisam de medicamentos para equilibrar o funcionamento químico de seu cérebro. Todas as situações são únicas, e não há problema em cada um receber um tratamento médico diferente. O mais importante é irmos em busca de nossa saúde mental e bem-estar.

Por outro lado, conforme já mencionado anteriormente, a ansiedade em excesso pode causar problemas ao ansioso, tornando-se disfuncional em sua vida. Um sintoma importante para identificar um possível caso de ansiedade descompensada é a paralisia. A sensação de que algo pode dar errado faz com que a fuga seja uma alternativa tentadora para quem tem dificuldade de lidar com essa emoção.

O início de tais problemas pode ser identificado como, de fato, uma questão mental. Outro ponto que mostra a saúde mental prejudicada é quando a ansiedade paralisa e vem carregada da conjectura dos piores cenários. Isso ocorre porque o fato de estar sempre pensando no pior desencadeia no organismo uma série de sentimentos ruins, como se nada na vida pudesse dar certo.

Afinal, a ansiedade como transtorno afasta a possibilidade de resolução, ou seja, é observado que vários campos da vida da pessoa começam a ser prejudicados. Isto é, a angústia e o medo são tão fortes que a pessoa se vê paralisada, totalmente entregue às preocupações. Faz parte do transtorno, inclusive, a falta de vontade de sair da cama — uma maneira de fugir de todas as angústias.

Mesmo diante das melhores conquistas, o pensamento caótico enxerga o pior. Isso significa que uma pessoa com transtorno de ansiedade pode ter uma tendência a negar comemorações. Em meio a uma comemoração como a conquista de um diploma universitário, o colega de classe com ansiedade pode deixar a felicidade em segundo plano — quando não em último. Isso resulta em uma enxurrada de pensamentos negativos.

A ansiedade torna-se ainda mais preocupante no momento em que passa a ter um aumento na intensidade de angústia, solidão, tristeza e paralisia. Isso porque, muitas vezes, a ansiedade pode andar junto à depressão, transformando-se no chamado transtorno misto (quando a pessoa possui os dois diagnósticos).

É depressão, transtorno de ansiedade ou os dois?

Uma coisa é certa, na psicologia nada é absoluto. Pela Classificação Internacional de Doenças (CID), existe o transtorno misto entre ansiedade e depressão. Nele ocorre a presença de sintomas de depressão e ansiedade, cujo diagnóstico precisa, evidentemente, partir de análises profundas e comportamentais.

Obviamente, doenças correlacionadas têm sintomas parecidos — e é o que costuma acontecer entre ansiedade e depressão. Contudo, a questão principal é que, um quadro de ansiedade aguda, o qual segue sem tratamento específico, pode, sim, colaborar no desenvolvimento de depressão. Isso porque as sensações dos transtornos são muito parecidas e podem estar interligadas — de maneira que uma abre caminhos para a outra.

Tendo ou não o diagnóstico misto, é muito importante que a pessoa acometida por tais questões mentais tenha uma rede de apoio para ajudá-la em seu processo de fortalecimento. Por vezes, os sintomas são tão fortes e incomodam tanto que a pessoa, ao ver-se sozinha, não consegue buscar ajuda profissional. Nesse sentido, é fundamental uma rede de apoio, que pode ser formada por amigos, colegas de trabalho, familiares, ou qualquer pessoa que tenha empatia por aquele que sofre com questões mentais. Essa rede tem o intuito de se mostrar compreensível, colocar-se à disposição para ajudar em eventuais crises, além de estimular a busca por ajuda profissional, isto é, conduzir a pessoa a um tratamento.

Opções de tratamento para a ansiedade

A ansiedade afeta e atrapalha não só a vida pessoal de quem possui o transtorno como também todas as suas relações e como a pessoa se enxerga no mundo. Por isso, a ajuda profissional qualificada é de extrema importância para o controle do transtorno e para que o paciente tenha uma maior qualidade de vida.

A linha de terapia mais comum para tratamento da ansiedade é a terapia cognitivo-comportamental (TCC), que tem como princípio um trabalho diretivo, pautado em uma boa relação entre paciente e terapeuta, que atua de modo colaborativo e psicoeducativo. Diferentemente de outras abordagens, esse método coloca as trocas com o paciente como ponto de partida para a análise de como ocorreu a construção do quadro mental, a fim de entender qual estrada o paciente percorreu para chegar até ali. Tem como intuito desenvolver a independência do paciente, para que este possa, aos poucos, tomar decisões sem depender da orientação de um profissional, desenvolvendo maturidade emocional suficiente para contornar problemas e sair de situações desconfortáveis de maneira racional.

Em alguns casos, também é preciso que seja feito acompanhamento psiquiátrico, a fim de elaborar um diagnóstico preciso para então encaminhar o paciente para o melhor tratamento terapêutico em conjunto com medicamentos. É importante frisar que todo diagnóstico e a entrada de medicação têm de ser feitos por profissionais médicos, preferencialmente um psiquiatra. Apenas o médico poderá prescrever uma terapia medicamentosa que ajudará na melhoria do quadro. Nunca deve ser cogitada a possibilidade de automedicação nem a ideia de que uma conversa entre amigos substitui o acompanhamento profissional. A rede de apoio é importante, sem dúvida, mas somente um profissional saberá encaminhar e conduzir o paciente para o tratamento.

Outra terapia também muito utilizada é a psicanálise. Enquanto a TCC parte de trocas entre terapeuta e paciente para analisar os pensamentos e buscar controlá-los, a psicanálise abrange toda a trajetória de vida do indivíduo, desde a infância até como ele se posiciona no presente momento. O profissional que conduz essa jornada busca ajudar o paciente a desenvolver os sentimentos reprimidos, e a compreender os comportamentos e princípios do inconsciente que possam estar influenciando no transtorno ansioso atual.

Existem também outras vertentes de terapias integrativas como a arteterapia, em que o paciente externa as emoções por meio de expressões artísticas e, assim, organiza e identifica sentimentos que podem não aparecer nas terapias convencionais. Já a terapia analítico-comportamental monitora o ambiente e as relações em que o paciente convive e como ele se comporta nesses contextos. A partir daí são desenvolvidos e trabalhados reforços positivos para mudar os comportamentos que são prejudiciais na vida do paciente.

Também é necessário destacar que cada tratamento é individual e que sua duração varia de caso a caso. Jamais deve-se comparar os tratamentos ministrados por profissionais para indivíduos diferentes. As abordagens definidas, o período de acompanhamento e as medicações utilizadas (quando necessárias) são adequadas para cada perfil de paciente.

Onde procurar ajuda?

O Brasil dispõe de centros públicos de ajuda a pessoas com transtornos mentais. O Sistema Único de Saúde (SUS), por exemplo, conta com o Centro de Atenção Psicossocial (CAPS), no qual, de acordo com o Ministério da Saúde, existem ao menos 2.742 unidades espalhadas em todo o território nacional. No site oficial do governo federal, é possível encontrar a unidade mais próxima da sua região.

Além disso, o SUS também possui Serviços Residenciais Terapêuticos (SRT), e ainda Centros de Convivência e Cultura. Além disso, existe o Centro de Valorização da Vida (CVV), que é uma assistência social disponível 24 horas por dia via telefone, com ênfase em atender pessoas com ideação e tendências suicidas. Está se sentindo sozinho e precisa de alguém para conversar? Disque 188 e alguém estará ali para lhe dar suporte. Vale frisar ainda que muitas universidades dispõem de programas de clínica-escola, nas quais geralmente é oferecido tratamento gratuito ou a preços simbólicos. Tais clínicas-escolas possuem atendimento supervisionado por um professor, mas executado pelos alunos de psicologia da instituição.

Há cura?

Por se tratar de um transtorno que se desenvolve de acordo com um conjunto de comportamentos, a ansiedade segue em constante estudo. A ciência, hoje, aponta não para uma cura definitiva dos transtornos, e sim para o controle dos sintomas por meio do devido tratamento. Tal conclusão vem do fato de que a ansiedade não se trata de um problema pontual. Ela pode ser controlada, fazendo com que a pessoa acometida pelo transtorno deixe de sentir os sintomas, convivendo de forma saudável com as suas emoções.

No entanto, o tratamento precisa ser mantido. Em alguns casos, se faz necessário o uso de medicamentos (sempre com orientação profissional médica). A retirada de medicamentos, a diminuição ou o aumento da dose são análises desenvolvidas por meio de acompanhamento sério e preciso com um psiquiatra.

Todas as fases do tratamento servem para chegar a um nível de ansiedade assintomático, ou seja, sem nenhum tipo de sintoma. A ideia é trabalhar para que o transtorno seja silenciado e deixe de tomar conta de suas reações. Para aprender a lidar com a ansiedade, vale ressaltar que apenas o tratamento psiquiátrico pode não ser suficiente; o acompanhamento com um psicólogo qualificado é essencial para conseguir lidar melhor com os sintomas da doença.

De qualquer forma, com ou sem ansiedade, a terapia é uma maneira de construir autoconhecimento e encontrar modos mais produtivos de lidar com as demandas emocionais. A terapia deveria, inclusive, estar presente na vida de todas as pessoas, tanto na daquelas que lidam com questões mentais diagnosticadas quanto na de quem não lida.

Vale lembrar que a melhora na ansiedade também precisa de mudanças efetivas na rotina, o que envolve alimentação e exercícios físicos, além de se libertar de relações tóxicas. É importante ainda dizer que existem pessoas que, mesmo sem sintomas, vão precisar continuar com o uso de medicamentos por um longo tempo, sem necessariamente haver um prazo para suspender o uso. Isso não deve ser encarado como um problema. Pelo contrário, são os medicamentos, quando necessários, que poderão diminuir ou até anular seus sintomas de ansiedade.

Entenda que também pode fazer parte do processo mudar de terapeuta ao longo dos anos. Como em qualquer outra relação, essa também pode se ver desgastada. E é normal. Mude quando necessário, sem jamais deixar a terapia. Providencie para que as sessões sejam parte da sua rotina e não abra mão disso.

Lembre-se: o tratamento efetivo pode diminuir, e muito, os sintomas de ansiedade e, em alguns casos, fazê-los desaparecer.

Bibliografia

APA. American Psychiatric Association. *Manual Diagnóstico e Estatístico de Transtornos Mentais: DSM-5.* Porto Alegre: Artmed, 2014.

BIERNATH, André. Quais são os principais tipos de psicoterapia?. **Veja Saúde**, 2019. Disponível em: https://saude.abril.com.br/mente-saudavel/quais-sao-os-principais-tipos-de-psicoterapia. Acesso em: 11 de out. 2023.

CARDOZO, Karla. A importância da rotina na sua saúde mental. Disponível em: https://psicologakarlacardozo.com.br/blog/rotina-e-saude-mental/. Acesso em: 11 de out. 2023.

CENTER ON THE DEVELOPING CHILD. How Racism Can Affect Child Development. **Havard University**. Disponível em: https://developingchild.harvard.edu/resources/racism-and-ecd/?utm_source=newsletter&utm_campaign=november_2020. Acesso em: 11 de out. 2023.

CHANCEL, Lucas. WORLD INEQUALITY REPORT 2022. **World Inequality Lab**, 2022. Disponível em: https://wir2022.wid.

world/www-site/uploads/2022/01/Summary_WorldInequalityReport2022_English.pdf. Acesso em: 11 de out. 2023.

CLLIARI, Marcos. De 16 países, Brasil é o que mais sofre com ansiedade por causa da pandemia de coronavírus. **Ipsos**, 2020. Disponível em: https://www.ipsos.com/pt-br/de-16-paises-brasil-e-o-que-mais-sofre-com-ansiedade--por-causa-da-pandemia-de-coronavirus. Acesso em: 11 de out. 2023.

DALGALARRONDO, Paulo. *Psicopatologia e semiologia dos transtornos mentais*. Porto Alegre: Artmed, 2019.

DUGAS, Michel J.; ROBICHAUD, Melissa. *Tratamento cognitivo-comportamental para o transtorno de ansiedade generalizada*. Belo Horizonte: Cognitiva, 2009.

DUHIGG, Charles. *O poder do hábito*. Rio de Janeiro: Objetiva, 2012.

FOUCAULT, Michel. *Doença mental e psicologia*. Lisboa: Texto & Grafia, 2008.

FOUCAULT, Michel. *História da loucura na idade clássica*. São Paulo: Perspectiva, 2019.

GALINDO, Eryka; *et al.* Insegurança alimentar cresce no país e aumenta vulnerabilidade à Covid-19. **Faculdade de Medicina UFMG,** 2021. Disponível em: https://www.medicina.ufmg.br/inseguranca-alimentar-cresce-no-pais-e-aumenta-vulnerabilidade-a-covid-19/. Acesso em: 11 de out. 2023.

HAN, Byung-Chul. *Sociedade do cansaço*. Petrópolis: Vozes, 2015.

Homens se separam mais das mulheres quando elas adoecem, mostra estudo. **Correio Braziliense**, 2014. Disponível em: https://www.correiobraziliense.com.br/app/noticia/ciencia-e-saude/2014/05/28/interna_ciencia_saude,429697/homens-se-separam-mais-das-mulheres-quando-elas-adoecem-mostra-estudo.shtml. Acesso em: 11 de out. 2023.

IZARD, Carroll. *Human Emotions*. Berlin: Springer, 1977.

KINRYS, Gustavo; WYGANT, Lisa E. Transtornos de ansiedade em mulheres: gênero influencia o tratamento?. **Revista Brasileira de Psiquiatria**, v. 27, 2005. Disponível em: https://www.scielo.br/j/rbp/a/BFx4r3BVv54Vy9Hh7F-fmJnk/?lang=pt. Acesso em: 10 de out. 2023.

MARUCCO, Norberto C. Processo analítico e "historici-zação" no imediatismo da cultura: contribuições para uma psicanálise contemporânea. **Revista de Psiquiatria do Rio Grande do Sul**, v. 27, n. 1, p. 63–68, jan. 2005.Disponível em: https://www.scielo.br/j/rprs/a/m8j3M6XFB6Bn6nQs-qzRcTdd/. Acesso em: 18 de out. 2023.

MINISTÉRIO DA SAÚDE. Óbitos por suicídio entre adoles-centes e jovens negros 2012 a 2016. **Universidade de Brasília,** 2018. Brasília – DF. Disponível em: https://bvsms.saude.gov.br/bvs/publicacoes/obitos_suicidio_adoles-centes_negros_2012_2016.pdf. Acesso em: 11 de out. 2023.

MINISTÉRIO DA SAÚDE. Política Nacional de Saúde Integral da População Negra: Uma polícia do SUS. 3ª edição, 2017. Brasília – DF. Disponível em: https://bvsms.saude.gov.br/bvs/publicacoes/politica_nacional_saude_populacao_negra_3d.pdf. Acesso em: 11 de out. 2023.

OLIVEIRA, Sibele. Não consegue controlar a ansiedade? A

resposta pode estar nos seus genes. **Revista Galileu**, 2018. Disponível em: https://revistagalileu.globo.com/Ciencia/noticia/2018/09/nao-consegue-controlar-ansiedade-resposta--pode-estar-nos-seus-genes.html. Acesso em: 10 de out. 2023.

ROCHA, Rogério Lannes. *Luto coletivo e luta pela vida*. Rio de Janeiro: RADIS Comunicação e Saúde, 2020.

SASAKI, Fumio. *Transforme seus hábitos e sua vida*. Bauru: Astral Cultural, 2022.

SILVA, Maria Lúcia da. Racismo e os efeitos na saúde mental. In: **Seminário Saúde da população negra**. Governo do Estado de São Paulo, 2004. p. 107. Disponível em: https://bvsms.saude.gov.br/bvs/publicacoes/sec_saude_sp_saude-popnegra.pdf. Acesso em: 11 de out. 2023.

SIMMEL, Georg. *A metrópole e a vida mental*. In: VELHO, Otávio G. (org), *O fenômeno urbano*, Rio de Janeiro: Guanabara, 1987 (1902).

Til sickness do us part: How illness affects the risk of divorce. **Michigan News**, 2014. University of Michigan, EUA. Disponível em: https://news.umich.edu/

til-sickness-do-us-part-how-illness-affects-the-risk-of-divorce/. Acesso: em 11 de out. 2023.

WHITBOURNE, Susan Krauss; HALGIN, Richard P. *Psicopatologia*: perspectivas clínicas dos transtornos psicológicos. Porto Alegre: AMGH, 2015.

WORDEN, J. *Aconselhamento do luto e terapia do luto*. São Paulo: Roca, 2013.

ZAMIGNANI, Denis R.; BANACO, Roberto Alves. Um panorama analítico-comportamental sobre os transtornos de ansiedade. **Revista Brasileira de Terapia Comportamental e Cognitiva.** São Paulo, v. 7, n. 1, p. 77-92, jun. 2005. Disponível em: http://pepsic.bvsalud.org/scielo.php?script=sci_arttext&pid=S1517-55452005000100009&lng=pt&nrm=iso. Acesso em: 11 out. 2023.

Conheça os demais livros da Coleção QoT.

Primeira edição (novembro/2023)
Papel de miolo Lux cream 70g
Tipografias Henderson slab e Mrs Eaves XL Serif
Gráfica Santa Marta